CÓMO
PROSPERAR

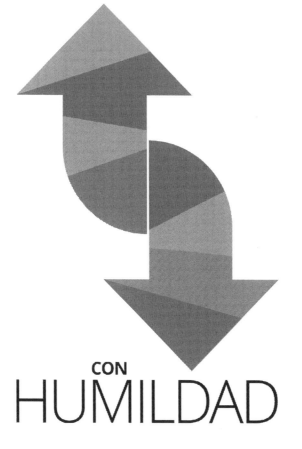

CON
HUMILDAD

Cómo Prosperar con Humildad

Keen Sight Books

Puede encontrarnos en la red en: www.KeenSightBooks.com
Reportar errores de imprenta a errata@keensightbooks.com

ISBN: 978-0692324493

Printed in the U.S.A.

este libro es dedicado a Samuel, Jesse y Amy

...mis hijos y gran tesoro.

agradecimientos

A mi Dios, por todo. A mi esposa e hijos, quienes pacientemente me prestan de su tiempo para escribir. A mi equipo por su ardua labor en todo trabajo literario. A mi madre por su ayuda en las correcciones al manuscrito. A Link, nuestro hermoso gato que fielmente me acompaña mientras escribo.

Contenido

CAPÍTULO 1 ¿QUÉ ES PROSPERIDAD?

Amado, yo deseo que tú seas prosperado en todas las cosas, y que tengas salud, así como prospera tu alma. 3 Juan 1:2

Dios desea que prosperes en *"todas las cosas"* o sea, cada área de tu vida, también desea que tengas salud, sin embargo es necesario que entendamos bien el texto antes de salir corriendo solo con parcial entendimiento de lo que es la intención de Dios.

Mal usos y extremos

Antes de continuar con el resto del libro, es necesario dejar bien claro que este no es un libro más sobre la llamada *"doctrina de la prosperidad"* o las populares corrientes de *"decláralo y poséelo"*[1].

Esas son enseñanzas que aunque es posible que en su principio comenzaron con unas bases muy sanas, hemos visto como aún buenos principios, cuando son sacados de proporción, pueden producir mucho daño. Muchos han tomado estas enseñanzas extremas y han salido con gran ímpetu y honesto entusiasmo, declarando cosas que nunca se cumplieron, terminando con mucha desilusión y descontento.

Es por eso que cuando hablamos de prosperidad y salud, debemos estudiar el contexto, para así, sanamente discernir cual es la perfecta voluntad de Dios[2] para con nosotros.

Leámos detenidamente el texto.

Amado, yo deseo que tú seas prosperado en todas las cosas, y que tengas salud, así como prospera tu alma. 3 Juan 1:2

Primero. Es muy claro que prosperidad y salud nos son entregadas con una medida paralela.

Dios quiere que prosperes y tengas salud, así como (a la medida que) prospera tu alma.

Es decir, si tu alma no prospera y está saludable, entonces los otros beneficios paralelos (prosperidad exterior y salud física), no están garantizados, pues en realidad, Dios está más interesado en prosperar el área espiritual de tu vida, que aquellas cosas que sencillamente se destruyen con el uso.

Segundo. ¿Qué es prosperidad?

Existe un concepto muy erróneo en cuanto a

prosperidad. El popular pensamiento de que prosperidad tiene que ver solamente con dinero.

Aunque es muy cierto que en este mundo (el sistema de cosas en que vivimos) el dinero es muy necesario. Para comer, vestir, tener un techo, y aun para predicar las buenas nuevas —casi todo cuesta dinero.

Digo *"casi"* porque creo que todavía *"las mejores cosas en esta vida son gratis" (ver el libro Saber Llegar[3]).*

Prosperidad es mucho más que dinero

El diccionario[4] da la siguiente definición de prosperidad:

- Curso favorable de las cosas
- Éxito, desarrollo favorable de una cosa

CAPÍTULO 2 PARÁMETROS

Prosperar a la manera de Dios envuelve varios parámetros.

La prosperidad que viene de Dios...
No trae tristeza

La bendición de Jehová es la que enriquece, Y no añade tristeza con ella. Proverbios 10:22

La prosperidad que viene de Dios...
No consiste en acumular bienes

Hay un mal doloroso que he visto debajo del sol: las riquezas guardadas por sus dueños para su mal; las cuales se pierden en malas ocupaciones, y a los hijos que engendraron, nada les queda en la mano. Eclesiastés 5:13,14

La prosperidad que viene de Dios...
No trae turbación (preocupaciones)

Mejor es lo poco con el temor de Jehová,
Que el gran tesoro donde hay turbación.
Proverbios 15:16

La prosperidad que viene de Dios...
No produce odio (u otros malos sentimientos)

Mejor es la comida de legumbres donde hay
amor, Que de buey engordado donde hay
odio. Proverbios 15:17

La prosperidad que viene de Dios...
No promueve la injusticia

Mejor es lo poco con justicia Que la
muchedumbre de frutos sin derecho.
Proverbios 16:8

La prosperidad que viene de Dios...
Viene acompañada de facultad (habilidad
para administrar)

El del hombre a quien Dios da riquezas y
bienes y honra, y nada le falta de todo lo que
su alma desea; pero Dios no le da facultad
de disfrutar de ello, sino que lo disfrutan los
extraños. Esto es vanidad, y mal doloroso.
Eclesiastés 6:2

La prosperidad que viene de Dios...
Viene acompañada de buen juicio (buen sentido común)

En el barbecho de los pobres hay mucho pan;
Mas se pierde por falta de juicio.
Proverbios 13:23

La prosperidad que viene de Dios...
Viene acompañada de sabiduría

Porque mejor es la sabiduría que las piedras preciosas; Y todo cuanto se puede desear, no es de compararse con ella. Proverbios 8:11

La prosperidad que viene de Dios...
No promueve la soberbia

Mejor es humillar el espíritu con los humildes
Que repartir despojos con los soberbios.
Proverbios 16:19

Ser prosperado a la manera de Dios te mantiene humilde, y esto sucede porque mientras tienes éxito en cosas terrenales tu alma es prosperada a la vez. Tu crecimiento y madurez espiritual es mayor que todos los beneficios visibles que te puedan rodear.

Este es esencialmente el tema de este libro: *"Cómo prosperar con humildad"* y más adelante estaré lidiando con el tema del orgullo, pero antes, quisiera hablar más detalladamente en cuanto a la ciencia de prosperar.

CAPÍTULO 3 CÓMO PROSPERAR

En realidad este es un tema que ha sido muy abusado. Usted de seguro ya ha visto predicadores en la televisión entregándole fórmulas de todo tipo, especialmente promesas lineales. Usted les oye decir cosas como: *"Si usted me envía esto en los próximos 30 segundos, Dios le va a dar esta o aquella bendición"*. He oído a predicadores prometer muchas cosas, desde yates y aviones hasta grandes sumas de dinero que (supuestamente) le llegarán sorpresivamente a aquel que obedeció y levantó el teléfono y envió la ofrenda por la cantidad que dijo el supuesto profeta.

Todas estas prácticas envuelven manipulación, y son además una señal más de los tiempos en que estámos viviendo. Estamos rodeados de falsos maestros, falsos apóstoles y falsos ministros[5].

El Apóstol Pablo anunció esto muy claramente.

El dijo:

Porque yo sé que después de mi partida entrarán en medio de vosotros lobos rapaces, que no perdonarán al rebaño. Hechos 20:29

También el Apóstol Pedro habló de esto:

*Y muchos seguirán sus disoluciones, por causa de los cuales el camino de la verdad será blasfemado, y por avaricia harán mercadería de vosotros con palabras fingidas. Sobre los tales ya de largo tiempo la condenación no se tarda, y su perdición no se duerme.
2 Pedro 2:2,3*

Entonces, sabiendo todo esto, ¿cómo puedo yo prosperar sanamente a la manera de Dios?

Más que una fórmula o método, yo creo que la prosperidad que viene de Dios, es parte de un proceso de crecimiento, en el cual tu aprendes a obedecer a Dios, a confiar en Él, y ser fiel mayordomo de todas las cosas que ya Él te ha confiado.

Recuerda que prosperar incluye crecer en comunión con Dios, paz, tranquilidad, gozo, alegría, sanas relaciones, y que todas tus necesidades sean suplidas conforme a sus riquezas en gloria[6].

En este proceso de crecimiento, Dios te enseñará por medio de su palabra principios de mayordomía.

Algunos principios naturales que tienen que ver con disciplina y otros sobrenaturales que tienen que ver con fe en las promesas de Dios.

Por ejemplo:

Cómo ser una persona diligente.

La Biblia dice:

La mano negligente empobrece; Mas la mano de los diligentes enriquece. Proverbios 10:4

Es evidente que una persona que no es responsable, y no se esfuerza, no puede prosperar. Esto es un principio natural.

Sin embargo, la palabra de Dios también enseña que *"los pensamientos del diligente ciertamente tienden a la abundancia" (Proverbios 21:5)* y esto es un principio espiritual.

Cuando tus pensamientos están alineados con la palabra de Dios, las acciones y las decisiones que se manifiestan en tu vida serán de acuerdo al plan de Dios.

Es evidente que una persona que no se esfuerza, no se levanta de su cama para ir a trabajar, va a empobrecer. Sin embargo el diligente prospera.

El alma del perezoso desea, y nada alcanza; Mas el alma de los diligentes será prosperada. Proverbios 13:4

Como dije antes, estos son principios naturales y claramente lógicos.

También existen principios espirituales.

Dios ha establecido un mecanismo sobrenatural que lleva a la abundancia. Se trata de reglas que regulan la abundancia[7].

Estos principios van muy ligados al corazón de un hijo de Dios.

Por ejemplo:

La Generosidad.

La Biblia dice:

El alma generosa será prosperada; Y el que saciare, él también será saciado.
Proverbios 11:25

La persona generosa prospera, y generosidad es una característica del alma.

Generosidad consiste en *"desprendimiento"*.

Una persona generosa es una persona que no está atada a cosas terrenales. Esta se puede desprender de cualquier cosa.

Lo contrario a esto es el que acapara y retiene.

Hay quienes reparten, y les es añadido más;
Y hay quienes retienen más de lo que es justo,
pero vienen a pobreza. Proverbios 11:24

Tratar de acaparar, retener, abrazar cosas terrenales, es algo que produce pobreza.

Por eso es que acaparar es algo que cierra puertas y te aleja de aquellos que pueden ser instrumentos de bendición para tu vida.

Al que acapara el grano, el pueblo lo maldecirá... Proverbios 11:24

De la misma manera, la generosidad te trae amistades y abre puertas.

Muchos buscan el favor del generoso, Y cada uno es amigo del hombre que da.
Proverbios 19:6

Para ser personas generosas, debemos crecer en fe y aprender a confiar y depender de Dios. Esto es prosperidad del alma y es saludable para nosotros como hijos de Dios.

La cosecha generosa es para el generoso.

Pablo dijo:

Pero esto digo: El que siembra escasamente, también segará escasamente; y el que siembra generosamente, generosamente también segará. 2 Corintios 9:6

CAPÍTULO 4 EL DINERO Y EL ORGULLO

Existe un pensamiento popular que relaciona a las riquezas con el orgullo. Muchos piensan que una persona rica es automáticamente una persona orgullosa.

Aunque, hay mucho de verdad en esto, y si usted ha leído historia, puede comprobar los muchos abusos que la clase rica ejerció sobre los pobres, y esto es más acentuado en ciertas etapas de la misma.

Nuestros países han experimentado muchos tipos de discriminación y abusos de una clase sobre otras. Hemos visto como el poder y las riquezas en muchas naciones siempre han permanecido en las manos de unos pocos, los cuales en muchas ocasiones lo han usado para explotar y tomar ventaja de los menos privilegiados.

Estos abusos son realidades verdaderas. Sin

embargo, que una persona haya acumulado riquezas, esto no quiere decir que esté prosperada.

A veces esas riquezas vienen acompañadas de miedos, intranquilidad, preocupación y muchos otros males.

La prosperidad que viene de Dios es diferente. Dios primero lidia con tu alma y tu salud espiritual, y una vez que tu corazón está en un estado saludable, entonces Él puede usar tu vida no para que acumules bienes, sino para que seas un conducto de bendición. Alguien que en lugar de retener y acumular, tiene la habilidad de multiplicar la bendición de Dios para ministrar y bendecir a otros.

Estar prosperado en Dios significa ser un instrumento de bendición.

La pobreza y la humildad

De la misma manera que muchos piensan que las riquezas son sinónimo de orgullo, hay personas que piensan que la pobreza es sinónimo de humildad. De hecho, en muchos de nuestros países para referirnos a una persona que vive careciendo de recursos solemos decir frases como... *"esta persona vive muy humilde"* o *"tiene una casa muy humilde"*.

En realidad, una cosa no tiene necesariamente que estar relacionada con la otra.

Aun más. El proverbio dice:

Riquezas, honra y vida Son la remuneración de la humildad y del temor de Jehová. Proverbios 22:4

O sea, la humildad puede ser premiada con riquezas.

La versión *Nueva Traducción Viviente* lo traduce así:

La verdadera humildad y el temor del Señor conducen a riquezas, a honor y a una larga vida. Proverbios 22:4

Dios recompensa al humilde, y por otro lado, el orgullo en realidad atrae miseria.

CAPÍTULO 5 EL ORGULLO: LA RAÍZ DE TODAS LAS MISERIAS DEL MUNDO

El orgullo puede ser el enemigo número uno de la prosperidad, y posiblemente el peor de los orgullos, es la jactancia religiosa.

Cuando el hombre, en lugar de atribuir y dar gloria a Dios por todos los beneficios que posee, comenzando por la salvación de nuestras almas… decide atribuirse a sí mismo ese favor.

Para hablar de este tipo de orgullo, vamos a establecer los fundamentos de lo que es verdaderamente la obra de esta salvación tan grande que Dios ha hecho por nosotros y del fallo que comete el hombre al gloriarse y por qué es tan dañino esto.

¿Qué significa gloriarse?

Vengan conmigo al libro de Romanos. Este tema lo puedo considerar de cierta forma como un estudio en este libro, pero no sistemático; no voy a exponer el libro texto por texto, solo vamos a tratar algunos conceptos.

Vamos al capítulo 4 de Romanos, el verso 2 de este capítulo es la base de esto...

Porque si Abraham fue justificado por las obras, tiene de qué gloriarse, pero no para con Dios. Romanos 4:2

El texto dice: *"...si Abraham fue justificado por las obras..."* esto sería lo opuesto a la fe, ya que si fue justificado por obras fue trabajo de él mismo y entonces tiene el derecho a gloriarse.

La frase *"pero no para con Dios"*, significa que si te justificaste por obras, Dios no tuvo nada que ver con esto.

Cuando alguien está tratando de ser bueno para que Dios lo acepte eso no es otra cosa que una señal de alguien que no está salvo.

Usted se va a encontrar con un sistema entero que dice "pórtate bien para que al final Dios te lleve al cielo" pero si toda la vida te portas bien para tratar de llegar al cielo, eso es justificación propia por medio de obras y lamentablemente al final de cuentas, no vas a ir al cielo, por la razón de que Dios nada tuvo que ver en eso.

"Gloriarse" es el tema del cual estamos hablando y por qué no tenemos de que gloriarnos.

Gloriarse es la forma externa de una condición interna, en otras palabras gloriarse es dejar ver lo que verdaderamente existe dentro de la persona lo cual es orgullo, es decir, el orgullo es el problema y gloriarse es solamente la manera de demostrar ese problema.

El legalismo lo único que hace en las iglesias es criar orgullosos, yo he oído gente testificar en las iglesias, y decir cosas así: *"yo soy una buena persona"* *"yo antes era un desastre, pero ahora soy bueno... ahora soy una mejor persona"*... decir eso es mentira. No eres bueno, no eres una mejor persona, *"CRISTO ES BUENO"* y solamente estás salvo porque Dios te puso ahí por gracia y nada de eso tuvo que ver contigo... es más, les voy a anticipar algo aquí.

Dios preparó, diseñó, desarrolló y consumó el plan de salvación y usted todavía no estaba en la escena.

La salvación fue planeada en el cielo, anunciada por medio de ángeles[8], porque en la misma ley que fue dada por ángeles ya la salvación estaba siendo anunciada por medio de sombras y símbolos los cuales estaban apuntando a la verdadera salvación.

Cuando Dios envió a su único Hijo, quien vino, se encarnó, fue a la cruz y murió. Él dijo: *"Consumado es"*. Ahí completó el trabajo de salvación y usted no había hecho nada, no había pasado al frente, no había realizado la oración del pecador, aún no había pensado nacer y ya Dios lo había hecho todo ¡GLORIA A DIOS! Él había completado la salvación a la cual usted en este tiempo ha sido llamado por el Espíritu. Recuerde, es Dios el que llama, luego tú crees y cuando crees eres entonces sellado con el Espíritu de la promesa *(Ef 1:13)* sin embargo, esa obra de salvación ya había sido completada en la cruz.

Lo otro es que el orgullo es la raíz de todos los pecados y las miserias del mundo, tal vez usted va a decir: La Biblia dice que el amor al dinero es la raíz de todos los males... así es, pero, oiga esto: *"el orgullo es la raíz de todos los pecados y miserias del mundo".*

Ahora venga a Romanos 1 verso 18

Porque la ira de Dios se revela desde el cielo contra toda impiedad e injusticia de los hombres que detienen con injusticia la verdad... Romanos 1:18

Mire lo que dice: *"...la ira de Dios se revela desde el cielo contra toda impiedad e injusticia de los hombres que detienen con injusticia la verdad"*, quiere decir que todos los males, pecados y miserias de este mundo activan la ira de Dios.

Continuando, los versos 19, 20 y 21 señalan:

Porque lo que de Dios se conoce les es manifiesto, pues Dios se lo manifestó. Porque las cosas invisibles de Él, su eterno poder y deidad, se hacen claramente visibles desde la creación del mundo, siendo entendidas por medio de las cosas hechas, de modo que no tienen excusa. Pues habiendo conocido a Dios, no le glorificaron como a Dios, ni le dieron gracias, sino que se envanecieron en sus razonamientos, y su necio corazón fue entenebrecido. Romanos 1:19- 21

En este último verso dice que no le dieron la gloria a Dios y el legalismo es eso, no darle la gloria a Dios.

Hay gente de las iglesias que dicen *"oh, hermano es que ayuné tantas horas"*, *"estuve de rodillas tantas horas"*, *"logré tanto y ahora soy más santo"*... eso es no darle gloria a Dios, pues en eso que haces puedes fallar... es más, aún la oración puede ser un vehículo de vanagloria, incluso puedes hacer cosas buenas, pero, en el momento que mencionas *"por medio de esto que hice logré esto otro"*, en ese momento caíste en la vanagloria.

Esto no quiere decir que la oración o algunas otras disciplinas sean malas. Por el contrario...debemos "orar sin cesar[9]". Debemos ser cristianos de oración, pero después que ores, no salgas gloriándote diciendo que tu sacrificio *(el tiempo que estuviste de rodillas)* fue la razón por la cual obtuviste el beneficio.

Yo saludo a alguna gente y me preguntan ¿Cómo está hermano? les digo: *"mejor de lo que me merezco"*, me dicen ¿Cómo? ¿Qué ha hecho malo hermano?, les digo: maté a Cristo, soy asesino, me dicen ¿Cómo? les respondo: *"Si, yo lo maté, no me merezco nada, estoy mejor de lo que me merezco"*, ahora diga usted: *"Amén hermano, usted está mejor de lo que se merece".*

Es verdad, no nos merecemos nada.

Miremos, el verso 21 dice:

Pues habiendo conocido a Dios, no le glorificaron como a Dios, ni le dieron gracias, sino que se envanecieron en sus razonamientos, y su necio corazón fue entenebrecido... Romanos 1: 21

Me pregunto ¿Qué le está pasando a esta generación?, pues, esta generación se está envaneciendo en su razonamiento, la falsa ciencia continuamente está diciendo que ha descubierto cosas nuevas, los científicos dicen que ahora saben la manera como comenzó la vida en la tierra, como los meteoritos explotaron la tierra y causaron que las temperaturas subieran y pudiera haber vida, ellos dicen así, cosas similares y esto es vanagloria.

El hombre está dando explicación a todo, honestamente creo que hay cosas a las cuales no se le puede dar explicación, lo irrisorio de esto es que entre los mismos científicos se desmienten, puesto que uno dice una cosa, luego viene otro que descubre algo nuevo porque lo anterior está incorrecto, diciendo que lo que había señalado el científico anterior está medio bien y lo que él está señalando es mejor, pues la ciencia está más avanzada.

Continuando en el libro de Romanos, vamos ahora a los versos del 22 al 26 en los cuales se señala:

Profesando ser sabios, se hicieron necios, y cambiaron la gloria del Dios incorruptible en semejanza de imagen de hombre corruptible, de aves, de cuadrúpedos y de reptiles. Por lo cual también Dios los entregó a la inmundicia, en las concupiscencias de sus corazones, de modo que deshonraron entre sí sus propios cuerpos, ya que cambiaron la verdad de Dios por la mentira, honrando y dando culto a las criaturas antes que al Creador, el cual es bendito por los siglos. Amén. Por esto Dios los entregó a pasiones vergonzosas; pues aún sus mujeres cambiaron el uso natural por el que es contra naturaleza. Romanos 1: 22-26

Y el verso 28 dice:

Y como ellos no aprobaron tener en cuenta a Dios, Dios los entregó a una mente reprobada, para hacer cosas que no convienen... Romanos 1: 28

Oigan bien, aquí dice: *"...para hacer cosas que no convienen"* y *"...entregados a una mente reprobada"* y la razón de esto es por no aprobar o no tomar en cuenta a Dios.

Al decir que lo vas a hacer solo, entonces Dios dice: *Está bien, hazlo.*

Hermanos, el orgullo es terrible.

Ahora vengan de regreso a donde comenzamos en

Romanos Capítulo 1, verso 18

> *Porque la ira de Dios se revela desde el cielo contra toda impiedad e injusticia de los hombres que detienen con injusticia la verdad... Romanos 1: 18*

Note como el enaltecimiento humano puede detener la verdad.

CAPÍTULO 6 ORGULLO ES PONERSE POR ENCIMA DE LA VERDAD

Oiga bien esto:

El orgullo es ponerse por encima de la verdad.

Hay personas que están cegadas a esta gracia porque ellas mismas se han puesto por encima de esta gracia.

Ponerse por encima de la verdad es ponerse por encima del alcance de la verdad. Hay gente a las cuales estás tratando de hablar las cosas sencillas de la Palabra de Dios y desde el momento que les vas a hablar, esas personas te descalifican, te consideran un ignorante, diciendo: *"yo estudié en la escuela"*, decir esto es muy peligroso.

Yo animo a que todos los jóvenes saquen estudios

y diplomas universitarios *(de hecho, prepararse es necesario y muestra responsabilidad, además, para ser maestros primero hay que ser alumnos)*, pero he visto en algunos de ellos como la Universidad va entenebreciendo su entendimiento y llega un momento en que se hacen autosuficientes y empiezan a darte explicaciones lógicas aun de cosas sobrenaturales. Esto quiere decir que se pusieron por encima y desde el momento que se pusieron por encima ya no pueden recibir.

Hay gente que en la iglesia ya no puede recibir de su pastor, porque se pusieron en una posición por encima de su pastor y desde el punto de vista secular a todo le pueden dar una explicación y dicen *"¿qué nos va a enseñar? ...le estás enseñando a gente no educada, en cambio yo ya estudié"* ah, pero saben ustedes que cualquiera de estos pequeñitos puede entender y explicar la gracia de Dios mucho mejor y más eficiente que cualquiera que se envanece en su razonamiento, de hecho pregunto ¿qué tienes que no se te haya dado[10]?

Continuando en Romanos:

...porque lo que de Dios se conoce les es manifiesto, pues Dios se lo manifestó. Romanos 1:19

Y el 21 del mismo capítulo dice así:

Pues habiendo conocido a Dios, no le glorificaron como a Dios, ni le dieron gracias, sino que se envanecieron en sus razonamientos, y su necio corazón fue entenebrecido. Romanos 1:21

Se pusieron por encima de la verdad. Aquí ¿cuál es la verdad?

En este pasaje la verdad específica es que existe un Dios a quien le debemos todo lo que hemos realizado, todo lo que somos y no solamente le damos crédito por eso, sino que también dependemos de ÉL.

Una cosa que te hace la verdadera gracia es que te mantiene en continua dependencia de Dios porque aún cuando te haya perfeccionado con una sola ofrenda[11] o haya completado ese trabajo de salvación en tu espíritu deja una obra llamada la redención de nuestro cuerpo[12] pendiente para que continuamente tengamos que depender de ÉL, porque si hubiera terminado ese trabajo ya habrías dejado a Dios.

¿Dejará el hombre a Dios?

¿Dejará un salvo a Dios?

Claro que sí, lo bueno es que Dios no te deja, pero puede entregarte a pasiones.

Por otro lado, hay personas que continuamente están dependiendo completamente de Dios y continuamente están buscando y pidiendo más.
¿Qué ves en este tipo de gente y que no ves en la otra?

Se ve más dependencia.

Es por estos que existe ministerio y por quienes el pastor siempre está ahí, los cuales no se cansan de recibir. Siempre tienen hambre y quieren más. Estos dependen totalmente de Dios.

CAPÍTULO 7 LA DEPENDENCIA ES UNA EXPRESIÓN DE HUMILDAD

Es por eso que la verdadera prosperidad es aquella en la que en lugar de confiar en las cosas que puedas acumular, vives desprendido de aquello terrenal que te pueda atar, y tu dependencia es totalmente de Dios.

Expresar que tu solo puedes, es señal de orgullo.

En Romanos 1, el verso 22 dice : *"Profesando ser sabios, se hicieron necios"*, el orgullo te hace creer que eres sabio y eres necio, es orgullo vano cuando dices que a ti no te tienen nada que enseñar, que eres una persona preparada, eso es vanidad de vanidades.

Hay gente que se cree sabia. Saben... yo prefiero lidiar con las personas que no se creen nada, personas que dicen *"ayúdame, enséñame algo"*.

Es triste cuando a alguien no les puedes ya enseñar. Cuando esta persona expresa ya haber llegado.

Recuerdo en mis días cuando viajaba con una carpa dentro de México, que en una cruzada, cada vez que terminaba de predicar un mensaje, se me acercaba un hermano a decirme que ese mensaje que yo había predicado, ya Dios se lo había mostrado a él antes.

Miren, hermanos, el orgullo es terrible, hace creer que uno es sabio.

Dice el verso 22 *"profesando ser sabios, se hicieron necios"*.

Ese es un peligro que existe en la Iglesia. Muchos creemos ya saber todo. Tenemos más revelación y más entendimiento que los demás, no se nos puede enseñar nada.

Esto es orgullo.

Recuerda lo que dijo aquel ciego a quien Jesús había sanado, cuando vinieron los fariseos y le preguntaron cómo había sido curado. El dijo "yo lo único que sé es que era ciego y ahora veo, pregúntenle a él[13]" ahora dígale a alguien: lo único que sé es que yo no veía pero ahora veo.

Mientras más leemos, más cuenta nos damos de lo que nos falta. Aún somos niños.

Los versos 24 y 25 dicen:

Por lo cual también Dios los entregó a la inmundicia, en las concupiscencias de sus corazones, de modo que deshonraron entre sí sus propios cuerpos, ya que cambiaron la verdad de Dios por la mentira, honrando y dando culto a las criaturas antes que al Creador, el cual es bendito por los siglos. Amén. Romanos 1:24,25

El orgullo toma una mentira y la enaltece, una vez que llegas ahí, es difícil que te puedas bajar porque vas a caer en vergüenza.

Es de muy pocos reconocer la equivocación, decir *"hermanos me equivoqué, me arrepiento, enseñé lo que no era y pido perdón, ayúdenme a discernir lo que tengo que enseñar"* hay muy pocos que se atreven a reconocer esto, pero, ese reconocimiento del error es lo que nos mantiene humildes y dependiendo de Dios.

Para concluir con la idea, el verso 28 del capítulo 1 dice: *"Y como ellos no aprobaron tener en cuenta a Dios, Dios los entregó a una mente reprobada, para hacer cosas que no convienen... "*.

Por esta razón hay gente que persiste en hacer cosas malas y no importa lo que hagas no los puedes sacar de ahí.

Hay gente que ha sido entregada a pasiones desordenadas y no ve la luz. Sepa que aquí en esta carne hay debilidades, todo el mundo tiene debilidades.

¿Se acuerda de Noé? Vea en el libro de Génesis. Aquí hay una frase que Dios inserta en su infinita sabiduría. En ese entonces la gente estaba haciendo maldades y Dios les estaba enviando avisos, estaba tratando de lidiar con ellos y continuaban muy tercos, entonces llega el momento en que Dios dice *"No contenderá mi espíritu con el hombre para siempre[14]"*.

Saben, Dios dijo: Ya. Hasta cuándo van a seguir con lo mismo. No estoy diciendo si los perdió para siempre o los envió al infierno, estamos hablando de cosas terrenales, aquí quedaron sus cuerpos ahogados.

¿Por qué razón? porque Dios se cansó de estar lidiando con su enaltecimiento. Ellos no estaban dependiendo de Dios sino de su propia habilidad.

Una persona me comentó que tenía un grave problema y estuvo buscando ayuda y para ello compró un libro de un doctor y me dijo que ahora su estima había subido, eso quiere decir que ahora se cree más.

Creo que la solución está en lo contrario a eso, no se trata de un problema de alta o baja estima, el problema se llama pecado, y solamente puedes lidiar con esto dependiendo de Dios, porque cuando hay dependencia de Dios estás diciendo: *"me rindo... yo no puedo... no sé como. Oh Dios ahora en la debilidad ocupo tu gracia"* esa gracia se activa y se hace manifiesta en la debilidad[15].

Para ir redondeando la idea, vamos otra vez al verso 28 *"Y como ellos no aprobaron tener en cuenta a Dios, Dios los entregó a una mente reprobada, para hacer cosas que no convienen".*

Definitivamente no reconocieron a Dios.

Hay personas que este próximo Domingo no estarán en la Iglesia porque por sí solos están resolviendo sus cosas. Si dejas a Dios ser el primero en tu vida, nada te va a faltar, pero si no estás dependiendo de Él y andas por ti mismo eso es vanagloria y Dios está excluido, es decir, no vives conforme a Dios.

Cuando decides hacer todo por tus propias fuerzas y habilidades, es muy posible que consigas logros. Es posible que acumules riquezas y bienes. Te sentirás quizá realizado, y podrás jactarte de tus logros, pero este tipo de actitud no trae paz interna.

Cuando es Dios quien prospera tu camino, su bendición te añadirá paz y tranquilidad. Vivirás reposado y agradecido. Confiado de que es Dios quien está en control de tu vida y agradecido por todo lo que Él ha hecho por tí.

Notas:

1. Doctrina de la prosperidad, La Teología de la prosperidad, también conocida como Evangelio de la prosperidad, es un conjunto no sistematizado de doctrinas de ciertos grupos religiosos que enseñan que la prosperidad económica y el éxito en los negocios son una "evidencia externa" del favor de Dios. También es conocida como «Palabra de Fe» o «Confiésalo y recíbelo». http://es.wikipedia.org/ wiki/Teología_de_la_prosperidad (Accesado Octubre 28, 2014)

2. No os conforméis a este siglo, sino transformaos por medio de la renovación de vuestro entendimiento, para que comprobéis cuál sea la buena voluntad de Dios, agradable y perfecta. Romanos 12:2

3. Saber Llegar: No se trata de llegar primero. Por JA Pérez ISBN-13: 978-1456399801 Publicado Enero 6, 2010

4. Prosperidad, Real Academia Española http:// buscon.rae.es/ drae/ srv/ search?val=prosperidad

(Accesado Octubre 28, 2014) / The Free Dictionary http://es.thefreedictionary.com/prosperidad (Accesado Octubre 28, 2014)

5. Falsos Profetas, falsos Apostoles, falsos Maestros.

Guardaos de los falsos profetas, que vienen a vosotros con vestidos de ovejas, pero por dentro son lobos rapaces. Mateo 7:15 [(Lc. 6.43-44)]

Y muchos falsos profetas se levantarán, y engañarán a muchos... Mateo 24:11

Porque éstos son falsos apóstoles, obreros fraudulentos, que se disfrazan como apóstoles de Cristo. 2 Corintios 11:13

Pero hubo también falsos profetas entre el pueblo, como habrá entre vosotros falsos maestros, que introducirán encubiertamente herejías destructoras, y aun negarán al Señor que los rescató, atrayendo sobre sí mismos destrucción repentina. 2 Pedro 2:1

6. Riquezas en gloria Fil 3:19

7. Las Reglas que Regulan la Abundancia ISBN: 978-1456511296 Paperback – Publicado en Diciembre 30, 2010

8. Porque si la palabra dicha por medio de los ángeles fue firme, y toda transgresión y desobediencia recibió justa retribución... Hebreos 2:2

9. Orad sin cesar. 1 Tesalonicenses 5:17

10. Porque ¿quién te distingue? ¿o qué tienes que no hayas recibido? Y si lo recibiste, ¿por qué te glorías como si no lo hubieras recibido? 1 Corintios 4:7

11. ...porque con una sola ofrenda hizo perfectos para siempre a los santificados. Hebreos 10:14

12. ...y no sólo ella, sino que también nosotros mismos, que tenemos las primicias del Espíritu, nosotros también gemimos dentro de nosotros mismos, esperando la adopción, la redención de nuestro cuerpo. Romanos 8:23

13. Entonces él respondió y dijo: Si es pecador, no lo sé; una cosa sé, que habiendo yo sido ciego, ahora veo. Juan 9:25

14. Y dijo Jehová: No contenderá mi espíritu con el hombre para siempre, porque ciertamente él es carne; mas serán sus días ciento veinte años. Génesis 6:3

15. Y me ha dicho: Bástate mi gracia; porque mi poder se perfecciona en la debilidad. Por tanto, de buena gana me gloriaré más bien en mis debilidades, para que repose sobre mí el poder de Cristo. 2 Corintios 12:9

DESARROLLOS EDUCATIVOS
CONCENTRACIONES MASIVAS
MISIONES HUMANITARIAS

AGILIZANDO LA COSECHA

ASOCIACIÓN JA PÉREZ

INTEGRACIÓN DE NUEVOS
MOLDES Y ALTERNATIVAS QUE
AGILIZAN LA COSECHA GLOBAL

Festivales

El festival *República de Gozo*™ es una celebración en grande, con arte, cultura, música y mucho más. Es un festival de vida que no es religioso sin embargo celebra y exalta a Jesucristo.

En un ambiente sano, para la familia con kioscos y talleres diarios con ayuda inmediata y programas de larga duración se hace un trabajo social responsable que dejará resultados en el área cubierta. Esto acompañado de conciertos y presentaciones que traen verdadero gozo y nos muestran el propósito para el cual fuimos creados.

Cada noche se lleva a cabo una concentración masiva donde se entrega el mensaje de salvación y esta es seguida por un concierto donde jóvenes y adultos se unen a celebrar y adorar a Jesucristo.

Entrenamiento

En la *Escuela de Evangelismo Creativo*™ el objetivo es enseñar a comunicar el Evangelio de Jesucristo por medios originales y creativos que envuelven música, artes, deportes, cultura o cualquier otro elemento imaginativo así como entrenar nacionales para discipular a los nuevos creyentes, resultados de cosecha del festival.

Desde la preparación de un festival (meses antes del evento) hasta el seguimiento (meses después del evento), los evangelistas de la *Escuela de Evangelismo Creativo*™ toman parte activa en la propagación del Evangelio en su respectiva ciudad.

Misiones Humanitarias

Una misión humanitaria une a aquellos que han sido grandemente exitosos con los menos privilegiados de la sociedad. Por este medio, nos enfocamos en los pobres de cada ciudad o región, aquellos que han sido dañados por alguna catástrofe, o simplemente han crecido en un ambiente que carece de oportunidades.

El alcance consiste no solo en el auxilio rápido a una necesidad inminente. También organiza programas no solo para ayudar al que tiene hambre, sino que aparte de eso, lo involucra y enseña poniendo en sus manos herramientas para que se pueda valer por sí mismo y le educa para sacar a su familia hacia una mejor forma de vida.

¡Toma un equipo para levantar una cosecha!

Las preparaciones para un festival toman meses. En la semana del evento el equipo llega a trabajar con los oriundos en entrenamiento y preparando a las iglesias para el impacto, además de toda la logística en estadio.

Amando a la ciudad

Antes que comience un festival, miembros del equipo
visitan y ministran en escuelas, orfanatos y áreas de
pobreza y grande riezgo donde la misión humanitaria
tomará lugar. Además equipos de evangelismo trabajan
en las calles de la ciudad.

Equipando a los oriundos

Cuatro semanas antes de un evento, la *Escuela de Evangelismo Creativo™* es llevada a cabo. Los nacionales son entrenados con el material de *Transformación de Ciudad™* que incluirá 12 semanas de seguimiento y discipulado una vez terminado el festival. Además de crear una cultura de evangelismo en la ciudad, ellos aprenderán a como cuidar a los nuevos creyentes.

Intercambio Cultural™

En el festival, el *Intercambio Cultural™* une talentos
nacionales e internacionales en la gran plataforma,
con música, drama, danzas folcróricas y muchas
otras artes.

Festival de Niños

Mimos, payasos, danzas y muchas otras formas
creativas de presentar las buenas nuevas a
los niños son usadas por miembros del quipo
provenientes de otros países trabajando con los
nacionales.

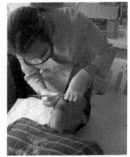

Trabajo Humanitario

En cada evento, Doctores en medicina, Odontólogos, y Consejeros familiares sirven juntos a los necesitados de la ciudad. Durante el día —en el estadio— estos asisten en carpas a las necesidades, no solo físicas, también espirituales. Muchos vienen a Cristo durante el día, lo cual forma gran parte de la cosecha general. Demostrar el amor de Cristo por medio de servicio práctico es un elemento clave en un alcance de ciudad.

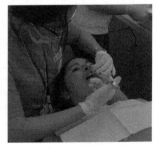

Ministerios Específicos

Carpas con talleres para la familia, madres solteras, mujeres maltratadas, adicciones, etc... operan durante el día en el estadio. El mensaje de Cristo es presentado y muchos son alcanzados de esta manera. Nuestra meta es siempre alcanzar a todas las audiencias y generaciones categorizadas por interes y grupos de edades.

Proclamación

JA Pérez entrega el mensaje y hace el llamado cada noche. Cientos pasan a recibir a Cristo y esto es seguido por la integración donde todos los estudiantes que han sido entrenados en la EEC los recibirán por zonas para llevarlos a las iglesias y ocuparse de sus necesidades inmediatas.

La Cosecha

Cuando una ciudad o provincia es impactada,
con frecuencia gobernantes y líderes nacionales
—senadores y congresistas— asisten al evento y
reconocen el movimiento, pero los frutos mayores
del proyecto completo son las miles de vidas que
son transformadas por el poder del evangelio. Ese
es el principal propósito de todo — predicar a Cristo.

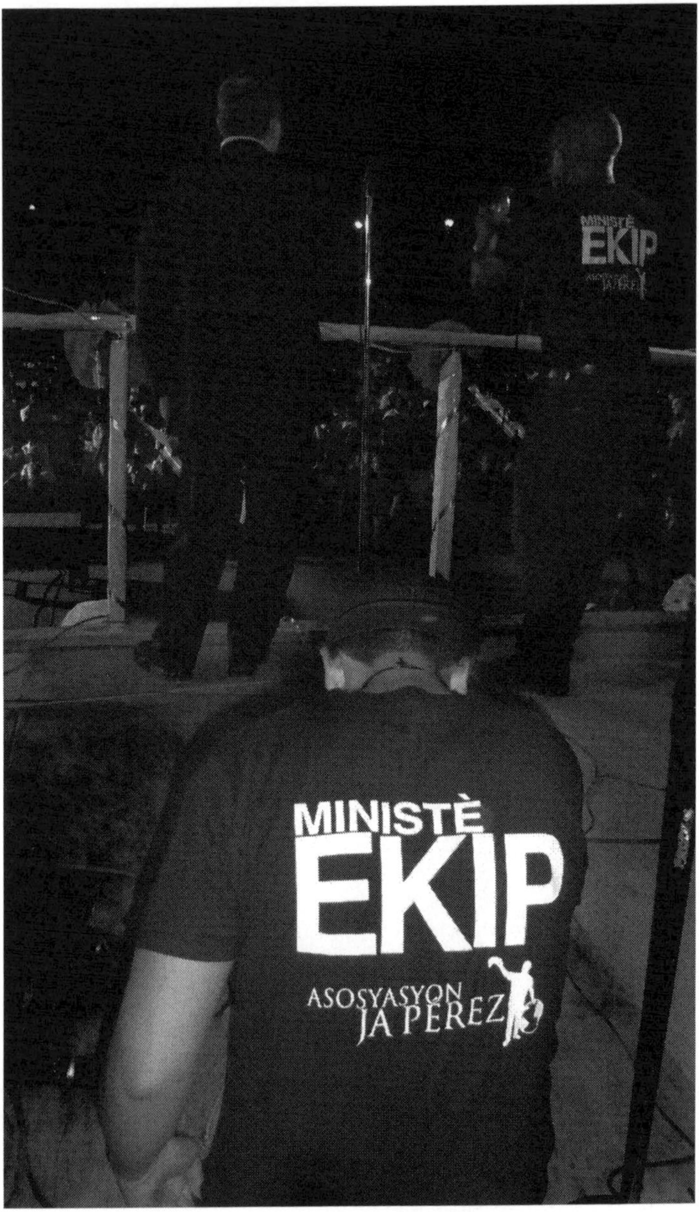
MINISTÈ
EKIP
ASOSYASYON
JA PEREZ
MINISTÈ
EKIP

Otros libros por JA Pérez

JA Pérez ha escrito más de 25 libros y manuales de entrenamiento. Todos sus libros están disponibles en Amazon.com así como en librerías y tiendas mundialmente. Libros con temas para la familia, empresa, liderazgo, economía, profecía bíblica, devocionales, inspiracionales, evangelismo y teología.

Profecía Bíblica

Devocionales

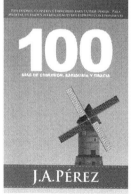

Discipulado para Nuevos Creyentes y Estudios de Grupos

Liderazgo, Gobierno y Diplomacia

Inspiración y Creatividad en Liderazgo

Vida Cristiana, Crecimiento, Principios de Vida y Relaciones

Ficción, Historietas

Evangelismo

Colaboración

English

Evangelism and Collaboration

Contacte / siga al autor

Blog personal y redes sociales
japerez.net
@japereznow
facebook.com/japereznow

Asociación JA Pérez
japerez.org
agenda@japerez.org

Keen Sight Books

Made in the
USA
Columbia, SC